Libro

Cocina de la Dieta Vegana para la Mujer

Sane su cuerpo y recupere la confianza con recetas rápidas y fáciles para quemar grasa rápidamente y prevenir enfermedades

Escrito por

JANE BRACE

contenida en este documento, incluyendo, pero no limitado a, — errores, omisiones o inexactitudes.

Tabla de contenidos

PASTEL DE MANTEQUILLA DE MANÍ54 5254

PECAN PIE56 5456

TARTA DE QUESO AL ESTILO DE NUEVA YORK60 5860

TARTA DE QUESO ROSA PISTACHO62 6062

TARTA DE QUESO CARAMELO CHAI65 6265

TARTA DE QUESO DE PACANA DE CALABAZA68 6568

TARTA DE PISTACHO DE CHOCOLATE71 6871

PEARBERRY TIENE73 CAPACIDAD PARA 7073

TARTA DE MANZANA DE75 ALMENDRAS 7275

TARTA DE CÍTRICOS DE CHOCOLATE BLANCO DE ARÁNDANOS77 7477

MANTEQUILLA DE MANÍ DE CHOCOLATE BLANCO TARTLETS80 PRETZEL 7680

ZAPATERO MELOCOTÓN KEEN82 7882

CEREZA CLAFOUTIS84 8084

APPLE CRISP86 8286

VARIACIÓN CANELA DE AZÚCAR MORENA88 8388

FABULOSAS GOLOSINAS CONGELADAS89 8489

VANILLA SOFT SERVE93 8893

HELADO CHOCOLATE ESPRESSO94 8994

HELADO DE PACANA DE MANTEQUILLA95 9095

HELADO DE AVELLANA DE CHOCOLATE97 9297

HELADO DE AZÚCAR MORENA MANTECOSA99 9399

HELADO DE FRESA101 94101

HELADO MATCHA CASHEW103 95103

HELADO DE CHOCOLATE CON MENTA105 97105

HELADO DE FRIJOL NEGRO107 98107

CONVERSIONES MÉTRICAS109 100109

Bares

BISCOTTI DE ALMENDRA DE CEREZA

RENDIMIENTO: 20 BISCOTTI

Esta tarta y galleta ligeramente dulce complementa el té o el café maravillosamente con sus notas afrutadas. No sólo es agradable a las papilas gustativas, sus ojos están en para una delicia con cerezas rojas profundas tachadas por todas partes.

2 cucharadas de harina de linaza

4 cucharadas de agua

1/3 taza de margarina no láctea

3/4 de taza de azúcar

11/2 cucharaditas de extracto de almendra

1/2 cucharadita de sal

2 cucharaditas de polvo de hornear

1 taza de harina de sorgo

3/4 de taza de harina de arroz integral

1/2 taza de almidón de patata

1 cucharadita de goma xanthan

1/4 de taza de leche no láctea

1 taza de cerezas secas

- Precalentar el horno a 325°F. Combine la comida de linaza y el agua en un tazón y deje reposar durante 5 minutos, hasta que estén gelificados.

- En un tazón grande, cremar juntos la margarina y el azúcar hasta que quede suave. Agregue la comida de linaza preparada, el extracto de almendras y la sal.

- En un tazón separado, mezcle el polvo de hornear, la harina de sorgo, la harina de arroz integral, el almidón de patata y la goma xantana. Incorporar gradualmente en la mezcla de azúcar. Agregue la leche no láctea, 1 cucharada a la vez, hasta que se forme una masa suave. Debe ser lo suficientemente seco como para manejar y dar forma a dos bolas. Añade un toque más de harina de sorgo o leche para crear la consistencia correcta. La masa no debería desmoronarse, pero tampoco debería ser demasiado pegajosa. Doble las cerezas secas hasta que se distribuyan uniformemente.

- Directamente en una hoja de galletas sin desengrasar, dar forma a la masa de galletas en dos óvalos, de aproximadamente 2,5 pulgadas de ancho y 1,25 pulgadas de alto. Hornee en horno precalentado durante unos 30 minutos, hasta que estén ligeramente dorados en los bordes. Deje enfriar y luego cortar las galletas diagonalmente. Coloque galletas recién cortadas en sus lados y hornee 8 minutos adicionales. Voltee las galletas y hornee otros 8 minutos. Y una vez más... voltear, y hornear un final 8 minutos. Deje enfriar por completo antes de disfrutar. Conservar en recipiente hermético durante un tiempo de hasta 3 semanas.

BISCOTTI DE MÁRMOL

RENDIMIENTO: 18 BISCOTTI

El chocolate y la vainilla se mezclan en esta deliciosa galleta. Sumérgete en café caliente o chocolate caliente para disfrutar de la mejor experiencia biscotti. Si estás compartiendo, estos hacen grandes regalos una vez que los envuelves en una envoltura de plástico brillante y los adornas con un lazo, especialmente cuando se combinan con tu mezcla favorita de café.

3 cucharadas de harina de linaza

6 cucharadas de agua

1/2 taza de azúcar

1/2 taza de margarina no láctea

1/2 cucharadita de extracto de vainilla

1 taza de harina de sorgo

3/4 de taza de harina de arroz integral

1/2 taza de almidón de patata

1/4 de taza de harina de tapioca

1 cucharadita de goma xanthan

11/2 cucharaditas de polvo de hornear

1/2 cucharadita de sal

1/2 taza de chips de chocolate no lácteos, derretidos, más 1 taza de chips de chocolate, derretidos, para rociar

* Precalentar el horno a 325°F.

- En un tazón pequeño, combine la comida de linaza con agua y deje reposar hasta que esté en gel, durante unos 5 minutos. En un tazón grande, cremar juntos el azúcar y la margarina. Agregue la comida de linaza preparada y el extracto de vainilla y mezcle bien. En un tazón separado, combine la harina de sorgo, la harina de arroz integral, el almidón de patata, la harina de tapioca, la goma xantana, el polvo de hornear y la sal. Revuelva bien para incorporar uniformemente.

- Combine lentamente la mezcla de harina con la mezcla de margarina hasta que esté torpe. Divida la masa en dos secciones, dejando la mitad en el tazón de mezcla y dejando el resto a un lado. Agregue suavemente la 1/2 tazas de chips de chocolate derretidos con la mitad de la masa hasta que estén muy bien combinados, raspando el tazón según sea necesario.

- Ahora tendrás dos secciones de masa: una de chocolate y otra de vainilla. Forma la masa de vainilla en dos bolas. Dé forma a la mezcla de chocolate en dos bolas también. Luego, enrolla cada sección en cuerdas largas, para que tengas cuatro cuerdas largas de chocolate y vainilla, de aproximadamente 10 pulgadas de largo cada una.

- Trabajando en una bandeja para hornear sin desengrasar, coloque una cuerda de chocolate y una cuerda de vainilla una al lado de la otra y luego gire una sobre otra, presionando juntas para formar un tronco plano de aproximadamente 3 pulgadas por 10 pulgadas y luego repita con otras dos cuerdas.

- Hornee durante 28 minutos, hasta que se doren ligeramente en los bordes, y luego retire del horno y colóquelo en una rejilla de alambre para dejar enfriar por completo. Con un cuchillo dentado, corte diagonalmente en 3 × galletas de 1 pulgada y coloque galletas recién cortadas en sus lados en la hoja de galletas.

- Hornee galletas durante 10 minutos. Voltea y hornea durante 10 minutos más. Voltea una vez más y hornea durante 5 minutos más. Deje enfriar completamente y luego rocíe o cubra un lado con chocolate derretido.

- Conservar en recipiente hermético durante un mes.

BROWNIES FUDGY DEFINITIVOS

RENDIMIENTO: 12 BROWNIES

Estos brownies cuentan con una capa crujiente, escamosa, delgada en papel en lo alto de un cuadrado masticable y gooey perfecto de felicidad brownie. A pesar de que estos brownies son bastante deliciosos por su solitario, que toman amablemente a una fina capa de glaseado en la parte superior, también. ¡Pruébalos cubiertos con glaseado de chocolate esponjoso o glaseado de caramelo para un regalo extra indulgente!

3/4 de taza de harina de arroz integral superfina

1/4 de taza de harina de almendras

1/4 de taza de almidón de patata

1/4 de taza de harina de sorgo

1 cucharadita de goma xanthan

1/2 cucharadita de bicarbonato de sodio

1 cucharadita de sal

3 tazas de chocolate no lácteo picado o chips de chocolate

1 taza de azúcar

1/4 de taza de margarina no láctea

1/2 taza de café fuerte

2 cucharadas de semilla de chía molida mezclada con 5 cucharadas de agua caliente

1 cucharadita de extracto de vainilla

1 taza de chips de chocolate blanco no lácteos (opcional)

- Precaliente el horno 325°F y engrase ligeramente una bandeja metálica de 9 × de 13 pulgadas.

- En un tazón grande de mezcla eléctrica, mezcle la harina de arroz integral superfina, la harina de almendras, el almidón de patata, la harina de sorgo, la goma xantana, el bicarbonato de sodio y la sal.

- Coloque las virutas de chocolate en un tazón grande y a prueba de calor.

- En una cacerola de 2 cuartos a fuego medio, combine el azúcar, la margarina y
  1/4 de taza de café y llevar a ebullición, revolviendo a menudo. Una vez hirviendo, retire inmediatamente del fuego y vierta la mezcla de azúcar

caliente directamente sobre las virutas de chocolate, revolviendo rápidamente para combinar bien. Transfiéralo al tazón de mezcla que contiene la mezcla de harina junto con el gel de chía y el extracto de vainilla preparados y mézclalo a velocidad media-alta hasta que quede suave. Agregue el café adicional de 1/4 de taza y mezcle bien. Si los usas, dobla las patatas fritas de chocolate blanco.

- Extienda la masa en la bandeja para hornear preparada: la masa será pegajosa. Hornee de 45 a 50 minutos. Deje enfriar completamente antes de cortar en cuadrados y servir. Conservar en recipiente hermético durante un tiempo de hasta 3 días.

RUBIAS

RENDIMIENTO: 12 RUBIAS

Las rubias son más ligeras que los brownies en sabor, textura y color, pero todavía tienen un delicioso parecido con sus amigos de chocolate. Pruébalos con helado de plátano de mantequilla de maní.

2 cucharadas de harina de linaza

4 cucharadas de agua

1/3 taza de azúcar de palma de coco

1 cucharadita de extracto de vainilla

1 taza de harina de arroz integral

1/2 taza de harina de almendras

1/4 de taza de almidón de patata

1 cucharadita de goma xanthan

1/2 cucharadita de sal

1/2 taza de margarina no láctea

1 cucharada de aceite de coco

11/2 tazas de chips o piezas de chocolate blanco no lácteos

1/2 taza de mini chips de chocolate no lácteos

* Precaliente el horno a 350°F. Engrase ligeramente una bandeja para

hornear de 8 × de 8 pulgadas.

- En un tazón pequeño, combine la comida de linaza y el agua y deje reposar hasta que se gelifica, durante unos 5 minutos. Agregue el azúcar de palma de coco y el extracto de vainilla. En un tazón separado, mezcle la harina de arroz integral, la harina de almendras, el almidón de patata, la goma xantana y la sal.

- Sobre una caldera doble, a fuego medio-bajo, derretir la margarina, aceite de coco y chocolate blanco hasta que quede suave. Retirar del fuego. Revuelva la mezcla de chocolate blanco en la mezcla de harina junto con la mezcla de harina de linaza hasta que se forme una masa. Doble las mini chispas de chocolate. Presione la masa en la bandeja para hornear preparada y hornee durante 27 minutos, o hasta que se dore en los bordes. Deje enfriar completamente, durante al menos 2 horas, antes de servir. Conservar en recipiente hermético durante un tiempo de hasta 1 semana.

ALIGERAR LAS BARRAS DE LIMÓN

RENDIMIENTO: 16 BARRAS

Estas son una versión aligerada de las barras de limón tradicionales, dejando fuera los huevos y la mantequilla y optando por ingredientes a base de plantas en su lugar. El agar se puede obtener fácilmente en tiendas locales de alimentos saludables o en los mercados asiáticos. Si solo puede obtener barras de agar o escamas, simplemente cóselos a través de una amoladora de especias hasta que estén en polvo.

corteza

2 cucharadas de harina de linaza

4 cucharadas de agua

11/2 tazas de harina de almendras

1/4 cucharadita de sal

3 cucharadas de azúcar

relleno

2 tazas de agua

11/2 cucharadas de polvo de agar

11/4 tazas de azúcar

1 taza de jugo de limón recién exprimido (aproximadamente 6 limones)

1 gota de coloración de alimentos amarillos naturales

1/4 de taza de maicena disuelta por completo en 1/4 de taza de agua

Azúcar de confitero, para desempolvar

- Precaliente el horno a 400°F.

- En un tazón pequeño, mezcle la comida de linaza con el agua hasta que esté en gel, para aproximadamente

  5 minutos. En un tazón mediano, bate el resto de los ingredientes de la corteza y luego masajea la comida de linaza preparada en la mezcla de harina de almendras hasta que esté bien mezclada. Presione la corteza en una bandeja para hornear ligeramente engrasada de 8 × de 8 pulgadas. Hornee de 12 a 15 minutos, hasta que se dore en los bordes. Retirar del horno y dejar enfriar mientras se hace el relleno.

- Para hacer el relleno, lleve el agua de 2 tazas y el polvo de agar a ebullición a fuego medio, revolviendo constantemente con un batidor. Deje hervir durante 3 a 5 minutos, hasta que se espese y todo el agar se haya disuelto. (Asegúrese de que todo el agar se ha disuelto o sus barras de limón no se ajustarán correctamente.) Agregue el azúcar, el jugo de limón, la coloración de los alimentos y las purines de maicena. Continúe cocinando a fuego medio, llevando de vuelta a ebullición. Deje hervir durante unos 3 minutos, hasta que espese. Vierta la mezcla sobre la corteza y enfríe inmediatamente sobre una superficie plana en el refrigerador. Enfríe 2 horas, o hasta que esté firme. Cortado en cuadrados. Polvo con azúcar de confiteros antes de servir. Conservar en nevera hasta 1 semana.

PASTELES DELICIOSOS, PASTELES, TARTAS Y TARTAS DE QUESO

Hornear pasteles es un pasatiempo maravilloso porque con un poco de esfuerzo extra, terminas con un postre que es tan impresionante que sólo pide ser compartido. Recomiendo no tratar de hornear pasteles que utilizan la corteza de pastel clásico flakey o hojaldre en días especialmente húmedos, ya que la tendencia a que la masa se pegue será mucho mayor, lo que resulta en una experiencia frustrante de horneado de pasteles. Dispara para los días de verano más fríos o secos en su lugar para pasteles perfectos cada vez.

Básico

CORTEZA DE PASTEL CLÁSICO

FLAKEY

RENDIMIENTO: 2 CORTEZAS CIRCULARES DE TAMAÑO ESTÁNDAR, O SUFICIENTES PARA 1 PASTEL CUBIERTO CON CELOSÍA O CUBIERTO

Este piecrust es un elemento básico en este capítulo. Con una consistencia escamosa y mantecosa, ¡realmente hace que un pastel destaque!

1 taza de harina de arroz integral superfina

3/4 de taza de harina de arroz blanco

1/2 taza de almidón de patata

1/2 taza de harina de tapioca

11/2 cucharaditas de goma xanthan

1/2 cucharadita de polvo de hornear

3 cucharadas de azúcar

10 cucharadas de margarina fría no láctea

3 cucharadas de jugo de limón

1/2 taza de agua helada

- En un tazón grande, mezcle la harina de arroz integral superfina, harina de arroz blanco, almidón de patata, harina de tapioca, goma xantana, polvo de hornear y azúcar.

- Deje caer la margarina en la mezcla de harina por cucharadas. Usa los dedos o la licuadora de pastelería para mezclar rápidamente en un desmoronamiento uniforme. Con un tenedor grande, agregue el jugo de limón y el agua fría hasta que se forme una masa suave. Si la masa parece demasiado pegajosa, agregue un toque más harina de arroz integral. Envuelva la envoltura de plástico y enfríe en el congelador durante 15 minutos, o refrigerador durante al menos 1 hora antes de usarlo.

- Se mantiene bien cubierto en el refrigerador durante un tiempo de hasta 1 semana, y congelado durante un tiempo de hasta 3 meses.

Esta corteza se congela bien, así que siéntase libre de dar forma a la masa sin bolsa en una hamburguesa y colocar en dos bolsas seguras para congeladores (de doble capa), y, el día antes de usar, dejar descongelar en el refrigerador durante la noche antes de desplegarse para usar en una receta. O enrollarlo en dos sartenes de aluminio, cubrir en envoltura de plástico y congelar. ¡Hacer pasteles es fácil si ya tienes las costras preparadas con anticipación!

hojaldre

RENDIMIENTO: 20 PORCIONES

¡La clave de esta pastelería súper flakey es mantener la masa fría! Asegúrese de enfriar adecuadamente entre rotaciones para asegurar una masa viable. También recomiendo enfriar todos los ingredientes antes de empezar.

3/4 de taza de harina de arroz integral superfina

3/4 de taza de harina de arroz blanco

2/3 taza de almidón de patata

1/3 taza de harina de tapioca

2 cucharaditas de goma xanthan

11/4 tazas de margarina no láctea muy fría

1/2 taza de agua helada

- En un tazón grande, mezcle la harina de arroz integral, 1/2 taza de harina de arroz blanco, almidón de patata, harina de tapioca y goma xantana. Deja caer la margarina junto a la cucharada. Usando las manos limpias, corta rápidamente la margarina en la harina hasta que la mezcla se parezca a los guijarros.

- Agregue el agua fría y mezcle rápidamente para formar una masa ligeramente pegajosa. Perforar en el tazón para aplanar la masa y espolvorear con 2 cucharadas de harina de arroz blanco; palmaditas en la masa para que sea menos pegajoso. Voltea y repite con las 2 cucharadas adicionales de harina de arroz blanco.

- Enfríe la masa durante 20 minutos en el congelador.

- Entre dos hojas de papel pergamino, enrolle la masa en un rectángulo de aproximadamente 5 × 9 pulgadas. Utilice una arista recta para cuadrar los bordes, formando un rectángulo sólido. ¡Trabaja rápido para que la masa permanezca fría!

- Doble la masa en tercios (como doblar una letra) y gire un cuarto de giro. Utilice el pergamino para ayudar a doblar la masa uniformemente. Despliegue de nuevo en otro rectángulo de 5 × 9 pulgadas. Doblarlo en tercios una vez más. Envuelva libremente en pergamino y enfríe en el congelador durante 20 minutos adicionales.

- Repita los pasos de nuevo, con exactitud como se describió anteriormente. Envuelva y enfríe la hojaldre hasta que esté listo para usar. Cuando trabaje con la pasta, asegúrese de no desplegarla demasiado delgada, 1/3 a 1/2 de pulgada es justo.

- Úsalo como se indica en las recetas que piden hojaldre. Para profundizar el color de la pastelería, mezcle 2 cucharaditas de maicena con 1/2 taza de agua, hierva a fuego medio y cocine hasta que se translúcida. Cepille un poco de la pasta en la superficie antes de hornear. Se mantiene congelado hasta por 1 mes.

GALLETAS PUFF FÁCILES

Precaliente el horno a 400°F. Desempolva una lámina de pergamino con azúcar turbinado. Coloque la masa de hojaldre sobre la superficie azucarada y el polvo con más azúcar. Coloque otra hoja de pergamino en la masa y despliegue a 1/3 a 1/2 pulgada de espesor. Usa un cortador de galletas divertido para cortar formas.

Hornee en una hoja de galletas cubierta de pergamino durante unos 20 minutos, hasta que se dore.

PIES

TARTA DE MANZANA SUGAR CRUNCH

RENDIMIENTO: 8 PORCIONES

Añadir el jarabe azucarado al pastel ensamblado es divertido y delicioso, ya que crea una cobertura de azúcar crujiente, no muy diferente de la crujida de caramelo de crème brûlée.

1 receta <u>Flakey Classic Piecrust</u>

manzanas

8 manzanas medianas de Granny Smith

1/2 cucharadita de cardamomo

1 cucharadita de canela

1/2 cucharadita de clavo de olor

salsa

1/2 taza de margarina no láctea

4 cucharadas de harina de arroz integral superfina

1/4 de taza de agua

1 taza de azúcar morena empacada

- Prepare la masa del pastel de acuerdo con las instrucciones de la receta, divida en dos discos y enfríe durante 2 horas en su refrigerador. Núcleo y pelar las manzanas. Corta fina y ligeramente el ábalo con cardamomo, canela y clavos de olor.

- Una vez que las cortezas circulares se enfríen, despliegue una sección de masa entre dos hojas de papel pergamino a un espesor de 1/4 pulgada. Utilice el papel pergamino para ayudar a voltear la corteza desplegada en una sartén ligeramente engrasada. Cortar el exceso de masa y reservar.

- Amontona las manzanas en rodajas en un montículo en la parte superior de la corteza en la sartén.

- Tome el segundo disco de masa refrigerado y enrolle al mismo grosor entre dos hojas de papel pergamino. Como hiciste con la primera corteza, usa el pergamino para ayudarte a voltear la masa encima del montículo de manzanas. Si alguna masa se rompe, simplemente usa las yemas de los dedos sumergidas en agua para ayudar a sellarla de nuevo. Construye los lados con exceso de masa para formar una pared poco profunda como la corteza exterior. Haga unas cuantas hendiduras de 1/4 de pulgada de ancho en la corteza superior para desahogarse.

- Batir los ingredientes de la salsa juntos en una cacerola de 2 cuartos a fuego medio y dejar que hierva, mientras se agita de vez en cuando. Después de que haya llegado a ebullición, reduzca el fuego para hervir a fuego lento y deje cocinar durante 2 minutos. Retire la salsa del fuego.

- Precaliente el horno a 425°F. Vierta la mezcla de azúcar en la parte superior de la corteza del pastel, apuntando principalmente a las hendiduras en el centro, y deje que cualquier exceso gotee sobre los lados. Una vez que toda la salsa se ha añadido al pastel, utilice un cepillo de pastelería para cepillar suavemente el jarabe restante uniformemente sobre el pastel.

- Hornee durante 15 minutos, luego reduzca la temperatura del horno a 350 °F y hornee durante 35 a 45 minutos adicionales. Retirar del horno y dejar enfriar durante al menos 2 horas antes de servir. Conservar en recipiente hermético durante un tiempo de hasta 2 días.

PASTEL DE CREMA DE PLÁTANO

RENDIMIENTO: 10 PORCIONES

Hasta la Gran Depresión, los plátanos eran prácticamente inauditos en los postres. Al parecer, fue la frugalidad de usar los plátanos sobreripe lo que llevó a incorporarlos en dulces. Con su rico relleno de crema, este pastel es todo lo contrario de frugal! Se disfruta mejor justo después de enfriarse, ya que los plátanos tienden a decolorar después de un día más o menos; una muy buena manera de remediar esto es congelar el pastel inmediatamente después de que se enfríe y servir en su mayoría congelado.

1/2 receta Flakey Classic Pie Crust

relleno

3/4 de taza de azúcar

1/3 taza de harina de arroz blanco

1/4 cucharadita de sal

2 tazas de leche no láctea

3 cucharadas de maicena mezcladas con 3 cucharadas de agua

2 cucharadas de margarina no láctea

2 cucharaditas de extracto de vainilla

4 plátanos grandes

- ## Precaliente el horno a 400°F.

- Prepare la corteza de pastel de acuerdo con las instrucciones de la receta y luego hornee a ciegas en el horno durante 10 minutos. Reduzca la temperatura del horno a 350 °F.

- En una cacerola de 2 cuartos, mezcle el azúcar, la harina de arroz blanco, la sal, la leche nondairy y los purines de maicena. Añadir el extracto de margarina y vainilla. Caliente a fuego medio hasta que la mezcla hierva, revolviendo constantemente. Deje cocinar durante 1 minuto, todavía revolviendo constantemente, hasta que la mezcla espese considerablemente.

- Corta los plátanos en la corteza de pastel horneada formando una capa uniforme. Vierta la mezcla de azúcar caliente sobre los plátanos para cubrir y hornear en horno precalentado durante 15 minutos. Retirar del horno y dejar enfriar. Enfríe y sirva con rodajas frescas de plátano y crema de coco batida endulzada. Conservar en recipiente hermético en nevera durante un tiempo de hasta 2 días.

PASTEL CLAVE DE LIMA

Dulce pero agrio, este pastel cremoso te transportará directamente a los Cayos de Florida. Recomiendo el uso de jugo de lima de clave embotellada para facilitar y disponibilidad.

corteza

1 carriba migas de galletas sin gluten (utilice galletas duras como Pizzelles, Canela Graham Crackers, obleas de vainilla, etc.)

1 taza de pacanas molida

3 cucharadas de azúcar

2 cucharadas de semilla de chía molida mezclada con 4 cucharadas de agua

1 cucharada de aceite de coco

relleno

1 (350 g) paquete extra firme de tofu de seda

1 taza de jugo de lima clave

1 taza de leche de coco enlatada con grasa completa

1/2 taza de crema de coco de la parte superior de una lata de leche de coco llena de grasa

1 taza de azúcar

2 cucharadas de azúcar a los confiteros

3/4 cucharaditas de sal

1/4 de taza de harina de frijol/garbanzo

1/4 de taza de harina de arroz blanco

2 cucharadas de maicena

1 cucharadita de ralladura de lima, más para cobertura

- Precalentar el horno a 375°F.

- Mezcle todos los ingredientes de la corteza, en orden dado, y presione en una sartén de tamaño estándar.

- En el tazón de un procesador de alimentos, coloque los ingredientes de relleno, pulsando unas cuantas veces después de cada adición, hasta que estén suaves. Asegúrese de raspar los lados según sea necesario.

- Vierta la mezcla de relleno en la corteza y transfiérala cuidadosamente a la rejilla central del horno. Hornee durante 20 minutos. Reduzca el fuego a 300 °F y hornee durante 40 a 45 minutos adicionales, hasta que estén muy ligeramente dorados en los bordes. Deje enfriar a temperatura ambiente y luego enfríe en el refrigerador durante la noche. Cubra con ralladura de lima y crema de coco batida endulzada. Conservar en recipiente hermético en nevera durante un tiempo de hasta 2 días.

NOTA DE ALERGIA

Si usted tiene una alergia a las nueces y le gustaría hacer este pastel, simplemente cambie las pacanas en la corteza por semillas tostadas de girasol o calabaza.

pastel de calabaza

RENDIMIENTO: 10 PORCIONES

Popular durante los meses de otoño, pastel de calabaza no se convirtió en el postre tradicional de Acción de Gracias hasta principios de 1800s. Este pastel de calabaza es como los que mi madre solía hacer para las vacaciones, con una corteza más suave en la parte inferior y crujiente en los lados. Por extraño que parezca, ¡esa siempre fue mi parte favorita del pastel!

1/2 receta <u>Flakey Classic Pie Crust</u>

1 taza de azúcar

1 cucharadita de canela

1 cucharadita de jengibre

1/2 cucharadita de clavo molido

1/4 cucharadita de nuez moscada molida

1 cucharadita de sal

1 (350 g) paquete extra firme de tofu de seda

11/2 cucharaditas de extracto de vainilla

1/3 taza de harina de arroz integral superfina

2 tazas de puré de calabaza enlatado

1/4 de taza de sidra de manzana o leche nondairy

- Prepare la corteza de pastel de acuerdo con las instrucciones de la receta. Dé forma a la masa en un disco y enfríe en el refrigerador durante al menos 1 hora.

- Precalentar el horno a 425°F. Despliegue la corteza entre dos trozos de pergamino y luego voltée para poner la corteza del pastel uniformemente en la parte inferior de una sartén de tamaño estándar. Pellizque la parte superior para hacer que el pastel sea elegante, o flauta.

- Combine todos los ingredientes para el relleno de pastel en un procesador de alimentos y mezcle hasta que quede muy suave. Esparce el relleno de pastel en una corteza desalmada y hornea durante 15 minutos.

- Reduzca la temperatura del horno a 350 °F y hornee durante 40 minutos adicionales, o hasta que la corteza esté dorada. Deje que el pastel se enfríe por completo y refrigere durante al menos 4 horas antes de servir. Este pastel es mejor cuando se enfría durante la noche. Conservar en recipiente hermético en nevera durante un tiempo de hasta 5 días.

TARTA DE FRESA

Strawberry Pie siempre me recuerda el comienzo del verano, justo cuando el clima se calienta lo suficiente como para empezar a antojar postres fríos. Esta es una gran receta para hacer la noche anterior, ya que necesita reafirmarse durante bastante tiempo, además de que es excelente servido muy frío.

1/2 receta <u>Flakey Classic Piecrust</u>

relleno

4 tazas de fresas en rodajas

1 taza de azúcar granulada

4 cucharadas de maicena

1/4 de taza de agua Pellizcar sal

2 o 3 fresas en rodajas para decorar

- Precalentar el horno a 425°F. Engrase ligeramente una sartén de tamaño estándar y polvo con arroz integral o harina de sorgo.

- Prepare la corteza de pastel de acuerdo con las instrucciones de la receta.

- Despliegue la masa entre dos trozos de papel pergamino hasta que mida aproximadamente 1/4 de pulgada de espesor. Invierta cuidadosamente en una sartén de pastel, dando forma para caber y hacer un labio en la

44

corteza. Usando un tenedor, asoma unos veinte pequeños agujeros uniformemente sobre la corteza. Hornee durante 20 minutos, o hasta que la corteza esté firme. Deje enfriar completamente antes de llenar.

- Relleno: Coloca 11/2 tazas de fresas más el azúcar en una cacerola de 2 cuartos y machaca suavemente con un machacador de papas. Cocine a fuego medio justo hasta que el azúcar se disuelva por completo.

- En un tazón mediano, mezcle la maicena y el agua hasta que quede suave y agregue a la mezcla de fresa cocida junto con la sal. Hierva a fuego medio y deje cocinar durante unos 2 minutos. Retirar del fuego y dejar enfriar ligeramente, pero no completamente, durante unos 15 minutos. Coloca las fresas restantes de 21/2 tazas uniformemente en el piecrust. Vierta el relleno cocido en una sartén preparada y deje enfriar en la nevera hasta que esté firme, durante unas 12 horas. Decorar con rodajas de fresa adicionales. Sirva frío. Conservar en recipiente hermético en nevera durante un tiempo de hasta 2 días.

PASTEL DE CEREZA

RENDIMIENTO: 10 PORCIONES

Recomiendo usar Bing o cerezas agrias para este pastel para lograr ese encantador color rojo profundo al que estamos tan acostumbrados con el pastel de cereza. Me encanta especialmente este pastel servido caliente desde el horno à la mode.

1 receta <u>Flakey Classic Piecrust</u>

4 tazas de cerezas frescas, deshuesadas

1/4 de taza de harina de tapioca 1 taza de azúcar

1/4 cucharadita de sal

1 cucharadita de extracto de vainilla

4 cucharaditas de margarina no láctea

- Prepare la corteza circular de acuerdo con las instrucciones de la receta y divida la corteza uniformemente en dos secciones. Refrigere un disco mientras implementa el otro entre dos hojas de papel pergamino, con un grosor de aproximadamente 1/4 pulgada. Voltea en una sartén de plato profundo y forma para adaptarse a la sartén.

- En un tazón grande, mezcle las cerezas con la harina de tapioca, el azúcar, la sal y el extracto de vainilla hasta que estén recubiertas uniformemente. Colóquelo en la cáscara del pastel y esparce uniformemente. Punto con margarina. Despliegue la otra mitad de la corteza entre dos hojas de papel pergamino a 1/4 de pulgada de espesor. Cubre la parte superior del pastel, invirtiendo usando una hoja de pergamino para ayudar, y cubre el pastel con la segunda corteza. Agitar los bordes para sellar y luego cortar unas pequeñas hendiduras en la corteza para desahogarse. Hornee durante 45 a 50 minutos, hasta que la corteza del pastel esté dorada. Deje que el pastel se enfríe ligeramente antes de servir. Conservar en recipiente hermético durante un tiempo de hasta 2 días.

Puedes usar cerezas congeladas si las frescas no están en temporada; simplemente descongelarlos y drenar bien antes de usarlos.

CUALQUIER PASTEL DE BAYAS

RENDIMIENTO: 10 PORCIONES

Mora, arándano, frambuesa... cualquier tipo de baya se puede utilizar en este pastel y todavía será delicioso. Mi favorito es una corbata sólida entre mora y arándano.

1 receta <u>Flakey Classic Piecrust</u>

1/2 taza de azúcar morena

1/4 de taza de azúcar

3 cucharadas de maicena

1/2 cucharadita de sal

1 cucharadita de extracto de vainilla

4 tazas de moras, arándanos o frambuesas

1 cucharada de margarina no láctea

- Precalentar el horno a 425°F.

- Prepare la corteza de acuerdo con las instrucciones de la receta y despliegue la mitad de la corteza entre dos hojas de pergamino a 1/4 pulgada de espesor, mientras mantiene la otra mitad fría. Coloque la mitad de la corteza en una sartén profunda y dé forma para adaptarse a la sartén.

* En un tazón mediano, mezcle la azúcar morena, el azúcar, la maicena y la sal hasta que estén bien mezclados. Agregue el extracto de vainilla y las bayas y revuelva suavemente hasta que las bayas estén cubiertas. Coloque las bayas en el piecrust y a punto uniformemente con margarina.

* Despliegue la otra mitad de la corteza circular entre dos hojas de pergamino hasta aproximadamente 1/4 de pulgada de espesor. ¡Trabaja rápido! Tenga un cortador de pizza a mano y corte 1 × tiras de 9 pulgadas de corteza de pastel. Usa las manos para pelar suavemente la punta de la tira y cubrir la parte superior de los arándanos para formar un patrón de rayado hasta que el pastel esté cubierto a tu gusto. También puede utilizar un cortador de galletas para cortar formas para remata el pastel.

* Hornee durante 40 minutos, o hasta que el piecrust esté dorado y profundo, pero no quemado. Sirva caliente a la mode o temperatura ambiente. Conservar en recipiente hermético durante un tiempo de hasta 2 días.

TARTE TATIN

Esta receta es súper simple, pero requiere una sartén que pueda ir de la parte superior de la estufa al horno de forma segura y eficaz, como el hierro fundido. Para un Tarte Tatin perfecto, elige una variedad de manzanas que mantendrán su forma mientras cocinas, como Granny Smith o Gala.

1/2 receta <u>Flakey Classic Piecrust</u>

1/4 de taza de margarina no láctea

1/2 taza de azúcar morena

5 manzanas pequeñas peladas, sin corazón y descuartizadas

- Precalentar el horno a 425°F. Dé forma a la masa de la corteza circular en un disco y enfríe hasta que esté lista para usarse.

- A fuego medio, en una sartén de hierro fundido de 9 pulgadas, derretir la margarina hasta que esté líquida. Espolvoree sobre el azúcar morena y luego coloque las manzanas directamente sobre el azúcar, arreglando cómodamente y uniformemente para que los lados abovedados estén mirando hacia abajo. Trate de eliminar cualquier exceso de espacios entre las manzanas. Deje que las manzanas se cocinen, completamente intactas a fuego medio durante 20 minutos.

- Transfiera la sartén caliente al horno y hornee en el estante central durante 20 minutos más.

- Retirar del horno y dejar reposar brevemente.

- Enrolle la corteza del pastel entre dos hojas de papel pergamino, lo suficientemente ancha como para cubrir la sartén de hierro fundido con un exceso de aproximadamente 1 pulgada. Voltea la tartacrust sobre las manzanas para cubrir, y empuja la masa suavemente hacia abajo para formar una corteza superior rústica. Hornee durante 20 minutos adicionales, y luego retire del horno y deje enfriar durante 10 minutos.

- Voltea el pastel sobre un plato lipped, más o menos del mismo tamaño que la tarta. La masa se invertirá para formar una corteza encantadora. Si alguna manzana se adhiere a la sartén, retírelas cuidadosamente y colóquelas de nuevo en la tarta.

- Sirva a temperatura cálida o ambiente. Conservar en recipiente hermético durante un tiempo de hasta 2 días.

PASTEL DE SEDA DE CHOCOLATE

RENDIMIENTO: 10 PORCIONES

Este es uno de mis postres favoritos para llevar a los potlucks debido a su simplicidad y versatilidad. El ingrediente secreto es el tofu de seda, que crea una base que es firme y sedosa. Cubra cada pieza individual con crema de coco batida endulzada justo antes de servir.

1/2 receta Flakey Classic Piecrust

2 (350 g) paquetes de tofu de seda extra firme

2 cucharaditas de extracto de vainilla

2 cucharadas de cacao en polvo (me gusta extra-oscuro)

1/2 taza de azúcar

11/2 tazas de chocolate no lácteos picado o chips de chocolate

- Precaliente el horno a 400°F.

- Prepare la corteza circular de acuerdo con las instrucciones de la receta y despliegue entre dos hojas de papel pergamino hasta aproximadamente 1/4 de pulgada de espesor.

- Voltea el pergamino para colocar suavemente la corteza en una sartén de vidrio de tamaño estándar. Doble o flauta la corteza y perfore la parte inferior varias veces uniformemente con tenedor. Hornee durante 20 minutos, o hasta que se dore ligeramente. Retirar del horno.

- Para preparar el relleno, mezcle el tofu, el extracto de vainilla, el cacao en polvo y el azúcar en un procesador de alimentos hasta que quede completamente suave, raspando los lados según sea necesario.

- En una caldera doble, derretir el chocolate y rociar en la mezcla de tofu y mezclar hasta que esté completamente incorporado. Extienda el relleno en la cáscara de pastel horneado y deje enfriar a temperatura ambiente durante 1 hora antes de transferirse al refrigerador para enfriar hasta que esté ligeramente firme, 4 horas hasta la noche. Conservar en recipiente hermético en nevera durante un tiempo de hasta 3 días.

PASTEL DE MANTEQUILLA DE CACAHUETE ALTO EN EL CIELO

RENDIMIENTO: 10 PORCIONES

Si te gusta la mantequilla de maní vas a voltear este pastel. La rica mantequilla de maní y el chocolate se combinan para una base deliciosa, mientras que la crema de coco esponjosa le da al pastel su nombre. También puede cambiar esto y usar mantequilla de almendras o anacardos si tiene alergia al maní.

1/2 receta <u>Flakey Classic Piecrust</u>

4 onzas de chocolate semidulce

3 (350 g) paquetes firmes de tofu de seda

2 tazas de mantequilla cremosa de maní

2 tazas de azúcar de confiteros

3 cucharadas de semilla de chía molida

1/2 cucharadita de sal marina

1 receta <u>crema de coco batida endulzada</u>

2 onzas de chips o trozos de chocolate no lácteos, derretidos, para rociar

1/4 de taza de cacahuetes asados y salados triturados

- Precaliente el horno a 400°F y prepare la corteza de pastel de acuerdo con las instrucciones de la receta. Despliegue entre dos hojas de pergamino hasta 1/4 de pulgada de espesor. Cubre sobre una sartén profunda y presiona hacia abajo uniformemente para cubrir. Bordes de flauta y hornear durante 20 minutos, o hasta que estén ligeramente dorados. Retirar del horno y colocar en el bastidor de alambre para enfriar. Espolvoree 4 onzas de las virutas de chocolate uniformemente en el piecrust y deje reposar durante 5 minutos. Esparce el chocolate derretido, usando una espátula de silicona, para cubrir el interior de la corteza circular. Deje enfriar completamente hasta que el chocolate se reordine, una vez que la corteza esté a temperatura ambiente, colóquelo en el refrigerador para acelerar el proceso.

- En un procesador de alimentos combine el tofu, la mantequilla de maní, el azúcar, la semilla de chía y la sal. Licúe hasta que quede completamente suave, durante unos 5 minutos. Extienda en la corteza de pastel preparada y congele durante al menos 3 horas. Transfiéralo al refrigerador y relájate durante la noche. Antes de servir, cubra con crema de coco batida y rocíe con chocolate. Espolvorea con cacahuetes triturados. Conservar en un recipiente hermético en el refrigerador durante un tiempo de hasta 2 días.

PASTEL DE PECAN

RENDIMIENTO: 10 PORCIONES

La primera vez que probé Pecan Pie, me quedé herido. Incluso hoy en día, cuando me una alrededor de uno, se necesita un poco de moderación para mí para dejar de comer todo el maldito asunto! Lo mejor es compartir con los demás, o simplemente hacer dos pasteles, y ahorrarse el dolor.

1/2 receta <u>Flakey Classic Piecrust</u>

2 cucharadas de harina de linaza

1/4 de taza de agua

11/4 tazas de azúcar morena empacada

2 cucharadas de harina de arroz integral superfina o harina de arroz blanco

2 cucharaditas de extracto de vainilla

1/2 taza de margarina no láctea derretida

11/2 tazas de pacanas picadas

- Precaliente el horno a 400°F. Prepare la corteza circular de acuerdo con las instrucciones de la receta y presione en una sartén de tamaño estándar, haciendo que la corteza sea ligeramente más corta que el borde superior de la sartén. Flauta o use una cuchara para hacer un diseño en la parte superior de la corteza.

- En un tazón grande, mezcle la comida de linaza y el agua y deje que se ajuste durante 5 minutos, hasta que estén gelificados. Transfiéralo a un tazón de mezcla y látigo a alta velocidad usando un accesorio de batidor durante 1 minuto (o usando grasa de codo y un batidor), hasta que esté esponjoso. Agregue el azúcar, la harina de arroz integral, el extracto de vainilla y la margarina. Doble en 1 taza de las pacanas picadas. Revuelve bien. Vierta la cuchara en la corteza sin cortar y luego cubra con las pacanas picadas restantes.

- Hornee de 35 a 40 minutos, hasta que la corteza esté dorada y el relleno sea burbujeante. Retire cuidadosamente del horno y deje enfriar completamente, durante al menos 4 horas, antes de servir. Conservar en recipiente hermético en nevera durante un tiempo de hasta 2 días.

Cheesecakes

TARTA DE QUESO AL ESTILO DE

NUEVA YORK

RENDIMIENTO: 12 PORCIONES

Este pastel de queso requiere un poco más de paciencia, ya que absolutamente debe dejarse en el horno de 1 a 2 horas para terminar de hornear y luego debe ser refrigerado durante la noche, pero vale la pena. Este postre clásico es perfecto, pero combina excepcionalmente bien con cobertura de fruta. Pruébalo con Cherry Vanilla Compote, Persimmons asados, Mermelada de lavanda de arándanos,o incluso fruta lisa comofresas.

1/4 de taza de harina de almendras

4 tinas (8 onzas) de queso crema nondairy, como la marca Tofutti

13/4 tazas de azúcar

1/2 taza de crema agria no láctea o crema de coco

1/2 taza de harina de frijol/garbanzo mezclado con 1/2 taza de agua

1/4 de taza de harina de arroz integral superfina o harina de arroz blanco

1 cucharadita de extracto de vainilla

- Precaliente el horno a 350 °F y engrase ligeramente una sartén de 8 pulgadas. Espolvorea la parte inferior de la sartén uniformemente con la comida de almendras. Puede usar una sartén más grande, pero su tarta de queso será más delgada y puede necesitar cocinar menos tiempo.

- Coloque todos los ingredientes restantes en un procesador de alimentos y mezcle hasta que estén muy suaves, durante unos 2 minutos, raspando los lados según sea necesario. ¡No pruebes la masa, ya que el frijol la hará desagradable hasta que se hornee!

- Hornee durante 45 minutos a 350 °F y luego reduzca el fuego a 325 °F. Hornee durante 35 minutos adicionales y, a continuación, apague el horno. Deje enfriar la tarta de queso, dentro del horno cerrado, durante aproximadamente 1 a 2 horas. Enfríe durante la noche antes de servir. Conservar en recipiente hermético en nevera durante un tiempo de hasta 4 días.

PASTEL DE QUESO ROSA PISTACHO

Este pastel fragante es delicioso cuando se sirve con un poco de crema de coco batida endulzada y un vino blanco seco, o jugo de uva espumoso para los niños. El agua de rosas se puede encontrar en la mayoría de los supermercados especializados cerca de otros extractos y saborizantes similares. Ciertamente, si no se puede localizar este sabor en particular, cantidades iguales de ron especiado o extracto de vainilla lo reemplazaría muy bien, aunque sin los matices florales.

corteza

1 cucharada de harina de semillas de lino

2 cucharadas de agua

1 taza de pistachos, pulsados hasta el desmenuzado

2 cucharadas de azúcar

1 cucharada de almendra o aceite de canola

1/4 de taza de harina de almendras, más extra para rociar

relleno

2 tazas (20 onzas) de tofu de seda

1 a 11/2 cucharaditas de agua de rosas (¡cuanto más rosado!)

3 (8 onzas) de envases de queso crema nondairy, como Tofutti

3/4 de taza de azúcar

1/4 cucharadita de sal

3 cucharadas de harina de arroz blanco

2 gotas de coloración de alimentos rosados (opcional)

- Precaliente el horno a 400°F. Engrase ligeramente sólo los lados de una sartén de 8 pulgadas. Puede usar una sartén más grande, pero su tarta de queso será más delgada y puede necesitar cocinar menos tiempo.

- En un tazón pequeño, combine la comida de linaza con agua y deje reposar hasta que esté en gel, durante unos 5 minutos. En un tazón grande, mezcle los pistachos, el azúcar, el aceite de almendras, la harina de almendras y la comida de linaza preparada hasta que estén torpes. Utilice las manos muy ligeramente engrasadas y presione firmemente en la parte inferior de la sartén de forma de resorte y cubra lo mejor que pueda. Una vez que se extienda cubriendo tanta superficie como sea posible, espolvoree ligeramente con harina de almendras y luego presione hacia abajo para cubrir completa y uniformemente.

- En un procesador de alimentos, combine todos los ingredientes para el relleno y mezcle hasta que estén completamente suaves, durante unos 5 minutos, raspando los lados a menudo. Esparce el relleno uniformemente en la sartén de forma primaveral preparada y luego hornea durante 15 minutos.

- Reduzca el fuego a 250 °F, sin quitar la tarta de queso del horno, y hornee durante 60 minutos adicionales. Apague el horno y deje que la tarta de queso permanezca durante 1 hora más. Deje enfriar durante 1 hora a temperatura ambiente en un estante de alambre y luego transfiéralo al refrigerador para enfriar durante la noche. Conservar en recipiente hermético en nevera durante un tiempo de hasta 4 días.

TARTA DE QUESO CARAMELO CHAI

RENDIMIENTO: 10 PORCIONES

Esta versión del postre clásico es pura decadencia. Si realmente te gusta la canela, los clavos de olor y la pimienta, sírvela con una taza caliente de chai para disfrutar de la indulgencia picante definitiva.

corteza

6 onzas (170 g) de pacanas

3 cucharadas de margarina no láctea derretida

3 cucharadas de azúcar

2 cucharadas de harina de arroz integral superfina

relleno

1 (350 g) paquete extra firme de tofu de seda

3 tinas (8 onzas) de queso crema nondairy, como Tofutti

2/3 taza de azúcar morena clara empacada

5 cucharadas de harina de arroz integral superfina

1/4 cucharadita de sal marina

1 cucharadita de canela

1/8 cucharadita de pimienta

1/4 cucharadita de pimienta negra molida

1/4 cucharadita de clavo molido

1/8 cucharadita de cardamomo

1 cucharadita de extracto de vainilla

1 receta salsa de caramelo

Para la corteza

* Precaliente el horno a 400°F. Pulse las pacanas en un procesador de alimentos, hasta que estén desmenuzadas. Agregue el resto de los ingredientes de la corteza y presione (usando las manos desempolvadas con harina de arroz integral superfina) en una sartén de 8 pulgadas.

* Hornee durante 10 minutos y luego retírelo del horno.

Para el relleno

* Coloque todos los ingredientes para el relleno en un procesador de

alimentos y licúe hasta que estén muy suaves, durante al menos 5 minutos. Extienda sobre la corteza preparada y hornee en horno precalentado durante 15 minutos. Reduzca el fuego a 250 °F y deje que la tarta de queso hornee durante 60 minutos adicionales. Apague el horno y deje enfriar hasta 2 horas más mientras permanece en el horno. Enfríe en el refrigerador durante la noche y luego haga la salsa de caramelo justo antes de servir, para que tenga salsa de caramelo caliente en un pastel de queso frío. Cubra con crema de coco batida endulzada. Conservar en recipiente hermético en nevera durante un tiempo de hasta 4 días.

TARTA DE QUESO PECAN DE CALABAZA

RENDIMIENTO: 12 PORCIONES

¿Qué podría ser más apropiado para el otoño que este combo de sabores? Si estás buscando una alternativa maravillosa (¡o adición!) a Pumpkin Pie el Día de Acción de Gracias, no busques más.

corteza

1 cucharada de harina de semillas de lino

2 cucharadas de agua

2 tazas de pacanas

1/4 cucharadita de sal

1/4 de taza de azúcar morena

relleno

Tofu de seda firme de 1 bloque

2 tinas (8 onzas) de queso crema nondairy, como Tofutti

1 taza de azúcar

1/4 de taza más 2 cucharadas de harina de arroz integral

1/4 de taza de jugo de limón

1 (15 onzas) de puré de calabaza

1/3 taza de azúcar morena

1 cucharadita de canela

1/2 cucharadita de especia de pastel de calabaza

* Precaliente el horno a 400°F. Engrase ligeramente los lados de una sartén de 8 pulgadas.

* En un tazón pequeño, mezcle la comida de linaza y el agua. Deje reposar durante 5 minutos, hasta que se gelificar. En un procesador de alimentos, mezcle las pacanas, la sal y el azúcar morena hasta que la mezcla se parezca a los desmoronamientos gruesos. Agregue la comida de linaza preparada y pulse de nuevo hasta que las pacanas se unan en una masa suelta. Presione en la parte inferior de la sartén de forma de resorte preparada y hornee durante 10 minutos.

* Mientras tanto, limpie el procesador de alimentos y mezcle el tofu, el queso crema no lácteo, el azúcar, 1/4 de taza de harina de arroz integral y el jugo de limón. Mezcle hasta que quede completamente suave, durante unos 2 minutos, raspando los lados según sea necesario. Saca alrededor de 1 taza de esta mezcla y esparce uniformemente sobre la corteza para formar una fina capa blanca. Agregue la calabaza enlatada, el azúcar morena, la canela, la especia del pastel de calabaza y las 2

cucharadas restantes de harina de arroz integral. Mezcle de nuevo hasta que quede completamente suave, raspando los lados según sea necesario. Extienda sobre la capa blanca.

- Hornee durante 15 minutos. Reduzca la temperatura del horno a 325 °F y hornee durante una hora adicional. Apague el horno y deje que la tarta de queso permanezca durante aproximadamente 1 hora. Enfríe completamente durante la noche antes de servir. Conservar en recipiente hermético en nevera durante un tiempo de hasta 3 días.

TARTAS, ZAPATEROS Y PASTELES

TARTA DE PISTACHO DE CHOCOLATE

RENDIMIENTO: 8 PORCIONES

Me encanta el contraste del relleno de chocolate profundo contra la corteza de pistacho salado. Este pastel se congela muy bien y se puede descongelar en el refrigerador durante la noche el día antes de servir.

corteza

2 cucharadas de harina de linaza 3 cucharadas de agua

1 taza de pistachos, pulsados hasta el desmenuzado (más pistachos triturados adicionales para decorar)

3 cucharadas de harina de maíz amarilla fina

2 cucharadas de azúcar

1/2 cucharadita de sal

3 cucharadas de aceite de oliva

relleno

21/2 tazas de chips de chocolate semidulce nondairy

11/3 taza de leche de coco

1 cucharadita de extracto de vainilla

1/8 cucharadita de comino molido

1/4 cucharadita de sal marina

- ## Precaliente el horno a 400°F.

- En un tazón pequeño, combine la comida de linaza con el agua y deje reposar hasta que esté gelificada, durante unos 5 minutos. En un tazón pequeño separado, mezcle los pistachos, la harina de maíz, el azúcar y la sal hasta que estén bien combinados. Mezcle uniformemente el aceite de oliva y el gel de linaza, usando las manos limpias.

- Presione la corteza en una sartén de tamaño estándar, de aproximadamente 1/8 de pulgada de espesor. Hornee durante 10 minutos. Retire y deje enfriar por completo.

- Para hacer el relleno, coloque las papas fritas de chocolate en un tazón grande a prueba de calor.

- En una cacerola pequeña, combine la leche de coco, el extracto de vainilla, el comino y la sal y lleve a ebullición a fuego medio. Una vez burbujeante, vierta sobre chips de chocolate y mezcle bien. Esparce la mezcla de chocolate en el piecrust y deja enfriar a temperatura ambiente, durante aproximadamente 1 hora. Espolvoree con pistachos triturados y transfiéralo en el refrigerador para enfriar completamente hasta que estén firmes. Conservar en recipiente hermético en nevera durante un tiempo de hasta 2 días.

PEARBERRY TART

RENDIMIENTO: 8 PORCIONES

¡Este brebaje afrutado es bonito y delish! Recomiendo frambuesas rojas, ya que se ven tan hermosas contra las peras de color ámbar. ¡La tarta es fácil de preparar, y tiene una textura de natilla sedosa que le hará anhelar una segunda rebanada!

1/2 receta <u>Flakey Classic Piecrust</u>

1/3 taza de harina de frijol/garbanzo

3 cucharadas de maicena

1/3 taza de azúcar

1/2 cucharadita de sal

1 taza de frambuesas rojas u otra baya

2 peras medianas, peladas, sin corazón y cortadas en rodajas

1/3 taza de azúcar turbinado

- Precaliente el horno a 400°F.

- Prepare el piecrust según las instrucciones y enfríe en el refrigerador durante 30 minutos. Despliegue entre dos hojas de papel pergamino a aproximadamente 1/4 de pulgada de espesor. Voltea sobre una cáscara de tarta de 8 pulgadas y presiona la masa en la sartén, recortando cualquier exceso.

- En un tazón mediano, mezcle el frijol, la maicena, el azúcar y la sal. Enjuague las bayas y dredge en la mezcla de harina para cubrir uniformemente. Retire y reserve. Mezcle las peras en rodajas en la mezcla también y luego rústicamente (no se necesita un patrón de fantasía) coloque las peras y bayas en la cáscara de tarta. Cubra con una capa uniforme de azúcar turbinado. Hornee durante 35 a 40 minutos, o hasta que la corteza esté dorada en los bordes. Conservar en recipiente hermético en nevera durante un tiempo de hasta 2 días.

TARTA DE MANZANA DE ALMENDRAS

RENDIMIENTO: 4 PORCIONES

Este elegante postre, que cuenta con la fragante combinación de almendras y manzanas, se une sin esfuerzo si ya tienes un poco de hojaldre congelado. Tendrás un postre elegante listo para impresionar en un piso sin tiempo. Esta tarta también se mantiene bien si se refrigera hasta por 1 semana; simplemente recalentar a 350°F durante 10 minutos y espolvorear con un toque de azúcar turbinado antes de servir.

1/2 receta hojaldre pastelería

2 cucharadas de azúcar turbinado

1 manzana granny smith grande, pelada y en rodajas finas

1 cucharadita de limón o jugo de lima

1/2 taza de azúcar morena, más 2 cucharadas para rociar en la parte superior

1 cucharadita de extracto de vainilla

1/8 cucharadita de sal

3 cucharadas de maicena

2 cucharadas de harina de almendras

* Coloque un rectángulo de masa de hojaldre fría entre dos hojas de papel pergamino y despliegue suavemente en un rectángulo de

aproximadamente 5 × 8 pulgadas. Transfiera la masa a una bandeja para hornear forrada con papel pergamino o una alfombra de silicona. Engarce los bordes de la corteza para formar un labio, doblando suavemente la parte superior sobre sí mismo. Espolvoree uniformemente con las 2 cucharadas de azúcar turbinado.

- En un tazón mediano, mezcle las manzanas con el jugo de limón, y luego con los ingredientes restantes, hasta que las manzanas estén bien recubiertas. Coloque las manzanas en el vaciado de tarta en una capa uniforme, superponiendo cada rebanada para formar un patrón. Espolvorear con las 2 cucharadas de azúcar morena.

- Hornee de 35 a 40 minutos, o hasta que las manzanas estén tiernas y la corteza esté dorada. Conservar en recipiente hermético durante un tiempo de hasta 2 días.

TARTA DE CÍTRICOS DE CHOCOLATE BLANCO DE ARÁNDANOS

RENDIMIENTO: 10 PORCIONES

El chocolate blanco y el arándano son una combinación popular; la adición de naranja aquí crea un buen tang. Usted puede hacer su propio chocolate blanco sin lácteos para esta tarta o buscar su marca favorita en otro lugar.

corteza

13/4 tazas de harina de almendras

1/4 de taza de azúcar morena

3 cucharadas de aceite de coco, líquido

Sal de guión

topping

11/2 tazas de arándanos frescos

1/4 de taza de azúcar

relleno

2 tazas de anacardos crudos, empapados al menos 3 horas y escurridos

1/4 de taza de azúcar

1/2 taza de jugo de naranja

1 cucharadita de ralladura de naranja

5.5 onzas (150 g) de chocolate blanco no lácteo

Para la corteza

- Precaliente el horno a 400°F.

- En un tazón pequeño, mezcle la comida de almendras y el azúcar morena. Agregue el aceite de coco derretido y la sal hasta que se mezclen por completo. Utilice las manos ligeramente engrasadas o la parte inferior de un vaso para beber y presione la mezcla en una sartén de 8 pulgadas.

- Hornee la corteza durante 10 minutos en el horno precalentado. Retirar del horno y dejar enfriar por completo.

Para el topping

- Combine los arándanos y el azúcar en una cacerola pequeña y cocine a fuego medio, revolviendo a menudo, hasta que los gránulos de azúcar se hayan disuelto por completo. Aumentar la temperatura ligeramente para reducir hasta que espese, durante unos 5 minutos. **Para el relleno**

- En un procesador de alimentos, mezcla los anacardos con el azúcar, el jugo de naranja y la ralladura hasta que estén muy, muy suaves, durante unos 5 minutos. Sobre una caldera doble, derretir el chocolate blanco y luego mezclar con el resto de los ingredientes.

- Extienda rápidamente el relleno de anacardo en la corteza de tarta enfriada y cubra con la mezcla de arándanos. Pase suavemente un cuchillo a través de la parte superior del relleno para arremolinarse. Enfríe en el refrigerador hasta que esté firme. Conservar en recipiente hermético en nevera durante un tiempo de hasta 2 días.

TARTALETAS DE MANTEQUILLA DE MANÍ DE CHOCOLATE BLANCO

RENDIMIENTO: 12 TARTS

Los pretzels salados se combinan tan maravillosamente con la dulzura combinada de chocolate blanco y mantequilla de maní y se presentan en un lindo paquete de tartaletas.

11/2 tazas de pretzels triturados sin gluten

6 cucharadas de margarina no láctea suavizada

2 cucharadas de azúcar

1 taza de chips de chocolate blanco no lácteos

1/2 taza de mantequilla de maní suave

1/4 de taza de leche de coco enlatada

1 taza de leche no láctea

- Precaliente el horno a 350°F. Recoge unas doce sartenes de 2 pulgadas y rocía ligeramente con aceite de cocina antiadherente.

- Combine los pretzels triturados, la margarina y el azúcar juntos hasta que estén muy bien mezclados. Asegúrese de que no haya trozos de margarina. Cuando se presiona, la mezcla debe mantener su forma. Es posible que necesite agregar un toque más margarina si se siente demasiado desmenuzado ... pero casi una cucharada más o menos.

- Presione suavemente las migas en las sartenes de tarta, haciendo una corteza uniforme de aproximadamente 1/4 de pulgada de espesor. Mango con cuidado.

- Hornee durante unos 12 minutos, o hasta que se dore. Retire las cáscaras de tarta del horno y deje enfriar las rejillas de alambre.

- Una vez que las cortezas estén frías, comience a hacer su relleno.

- Coloque las papas fritas de chocolate blanco en un tazón mediano. En una cacerola pequeña, combine la mantequilla de maní, la leche de coco y la leche nondairy y cocine a fuego medio, revolviendo constantemente usando un batidor de alambre.

- Una vez que la mezcla comienza a burbujear y está muy caliente, vierta sobre chips de chocolate blanco, revolviendo rápidamente para derretir. Vierta en las cáscaras de tarta preparadas, permitiendo enfriarse a temperatura ambiente durante aproximadamente una hora antes de transferirse al refrigerador para enfriarse por completo. Conservar en recipiente hermético en nevera durante un tiempo de hasta 2 días.

ZAPATERO MELOCOTÓN AGUDO

RENDIMIENTO: 8 PORCIONES

Este zapatero es una manera perfecta de usar un montón de fruta, especialmente cuando tienes un montón de melocotones duros rodando alrededor, lo que tiende a sucederme muy a menudo durante el verano (¡compro en exceso y no quiero esperar a que todos ellos maduren!). Cualquier fruta de hueso se puede utilizar; ¡pruebe esta receta con ciruelas o albaricoques, también!

4 melocotones (aproximadamente 41/2 tazas) pelados y cortados en rodajas

1/2 taza de azúcar

1/4 cucharadita de pimienta molida

3 cucharadas de maicena

1/3 taza de almidón de patata

1/3 taza de harina de arroz blanco

1/3 taza de harina de frijol/garbanzo

1 cucharadita de goma xanthan

1 cucharadita de polvo de hornear

3 cucharadas de azúcar

6 cucharadas de margarina no láctea

1/4 de taza + 2 cucharadas de leche no láctea

1 cucharadita de jugo de limón

- Precaliente el horno a 375 °F y engrase ligeramente un pequeño gres o bandeja para hornear de cerámica, aproximadamente 5 × 9 pulgadas.

- En un tazón mediano, mezcle los melocotones, el azúcar, la pimienta y la maicena. Colóquelo en la bandeja para hornear engrasada en una capa uniforme.

- En un tazón separado, mezcle el almidón de patata, la harina de arroz blanco, el frijol, la goma xantana, el polvo de hornear y el azúcar. Cortar la margarina y mezclar usando una licuadora de pastelería hasta que incluso se desmenuza la forma. Agregue la leche nondairy y el jugo de limón y revuelva hasta que quede suave.

- Deja caer cucharadas en la parte superior de los melocotones en rodajas. Hornee durante 35 a 40 minutos, o hasta que burbujee y la tapa de la galleta esté dorada en los bordes. Conservar en recipiente hermético hasta por 1 día.

CHERRY CLAFOUTIS

RENDIMIENTO: 8 PORCIONES

Esta receta es un uso perfecto para cerezas frescas, ya que este postre realmente acentúa el color y el sabor de la fruta fresca de corta sazonada. ¿Las cerezas no están en temporada? Buenas noticias: ¡las cerezas congeladas también funcionan! Gracias a Lydia, que probó para este libro de cocina, para la punta.

Tofu extra firme de 1/2 bloque, drenado, pero no prensado (aproximadamente 215 g)

11/2 tazas de harina de frijol/garbanzo

11/2 tazas de leche no láctea

1 cucharadita de polvo de hornear

2 cucharadas de harina de tapioca

3/4 de taza de azúcar

3/4 cucharadita de sal marina

1 cucharadita de extracto de vainilla

2 tazas de cerezas enfrentadas

1/4 de taza de azúcar de confiteros

* Precaliente el horno a 350°F y engrase una sartén de hierro fundido de 8

pulgadas o una sartén de vidrio con suficiente margarina para cubrir.

* Coloque todos los ingredientes, excepto las cerezas y el azúcar de la confitería en una licuadora y mezcle hasta que la mezcla sea uniforme y muy suave, raspando los lados según sea necesario. Vierta la masa en la sartén preparada y luego atraque uniformemente con cerezas enfrentadas, colocándolas a aproximadamente 1/2 pulgada de distancia en la parte superior de la masa.

* Hornee durante 50 a 55 minutos, o hasta que un cuchillo insertado en el medio salga limpio. Deje enfriar por completo y desempolvar con azúcar a los confiteros antes de servir. Conservar en recipiente hermético durante un tiempo de hasta 2 días en nevera.

APPLE CRISP

RENDIMIENTO: 6 PORCIONES

Este postre sencillo y rústico es tan fácil de preparar como delicioso. Sirva el modo à la para una delicia exagerada. Mi tipo favorito de manzana para usar en esto es Granny Smith, pero cualquier variedad crujiente servirá.

5 manzanas peladas y cortadas en rodajas de 1/2 a 1/4 de pulgada de espesor

3/4 de taza de azúcar morena

1/2 taza de harina de arroz integral

1/4 de taza de almidón de patata

1 cucharadita de canela

3/4 de taza de avena sin gluten certificada

1/3 taza de margarina no láctea

- Precalentar el horno a 375°F. Engrase ligeramente un molde para hornear de cerámica o una sartén, aproximadamente 8 × 8 pulgadas. Coloca las manzanas en rodajas uniformemente para cubrir la parte inferior de la bandeja para hornear.

- En un tazón mediano, mezcle la azúcar morena, la harina de arroz integral, el almidón de patata, la canela y la avena. Cortar la margarina con una licuadora de pastelería hasta desmenuzar. Espolvorear liberalmente sobre las manzanas.

- Hornee de 35 a 40 minutos, hasta que estén dorados y burbujeantes.

Conservar en recipiente hermético en nevera durante un tiempo de hasta 2 días.

VARIACIÓN DE CANELA DE AZÚCAR MORENA

1/4 de taza de azúcar morena

1/2 cucharadita de canela

2 cucharadas de harina de arroz integral

Mezcle los ingredientes y utilíquelo en lugar del relleno de fresa en la receta. Cubra con glaseado de vainilla o esmalte dearce.

FABULOSAS GOLOSINAS CONGELADAS

Relájate con las golosinas frescas en las siguientes páginas. Ya sea que desees una solución dulce durante el verano, o simplemente necesites algo de combustible para ayudarte a salir durante un maratón de películas en invierno, te encantará tener estas recetas a mano (o en tu congelador) cuando el antojo golpee. Usted puede sorprenderse de que las leches no lácteas, como la almendra, el anacardo y el coco, hagan un trabajo notable de replicar esa textura cremosa de ensueño que anhelamos del helado de estilo tradicional. Al elegir leches alternativas para su helado, al igual que el helado tradicional, ¡cuanto mayor sea el contenido de grasa, mejor!

Hacer helado sin máquina

Si bien es posible hacer helado sin una máquina de helados, recomiendo abastecimiento de una heladería (desde manivela hasta totalmente eléctrica) si haces el tuyo con frecuencia, como yo. Es la mejor manera de crear sabores únicos que son difíciles de conseguir en las versiones sin lácteos y huevos en el supermercado o gelataria local.

Recomiendo el uso de una máquina sólo debido a la cantidad de aire que es capaz de incorporarse a la mezcla a medida que se congela, lo que resulta en una textura más ligera y aireada, que es difícil de replicar sin una máquina. Sin embargo, es fácil acercarse bastante. Lo más importante, recomiendo comenzar con una base que tenga un contenido de grasa pesada, como el vanilla soft serve o el helado de avellana de chocolate. Esto ayudará a reducir las probabilidades de que los cristales de hielo se formen mientras se congelan, produciendo una delicia más suave y cremosa. Además, dejar caer un toque de alcohol (como vodka o bourbon) en la mezcla, o el uso de una receta que incorpora alcohol antes de la congelación también ayudará a reducir la cristalización.

Siga las instrucciones para preparar su receta elegida, y luego coloque la mezcla en un tazón de acero inoxidable o vidrio y enfríe completamente en el refrigerador, hasta 8 horas. Batir bien para revolver y luego verter la mezcla en una sartén antiadherente (el plástico funciona bien), revolviendo con un batidor después de añadir. Cubrir ligeramente con envoltura de plástico. Deje que la mezcla se enfríe en el congelador durante 30 minutos, y luego bata de nuevo. Puede incorporar más aire mediante el uso de una batidora de manos eléctrica para mezclar. Enfríe durante otros 30 minutos y luego vuelva a batir (o mezclar). Repita hasta que el helado esté congelado y cremoso. Transfiéralo a un recipiente hermético flexible. La mayoría de los helados durarán en el congelador durante unos 3 meses.

HELADO Y HELADO

SERVICIO SUAVE DE VAINILLA

RENDIMIENTO: 1 PINT

Adoro absolutamente los sabores y complementos de todo tipo, pero, si tuviera que elegir un sabor favorito de helado, no sería nada elegante, simplemente vainilla. Este helado es rico y soñador y tiene un ligero sabor a vainilla que perdura.

1 taza de azúcar

1 cucharada de agave

1/2 cucharadita de goma xanthan

2 cucharadas de extracto de vainilla

2 cucharadas de aceite de coco o margarina no láctea

1 taza de leche no láctea (recomendar almendra o anacardo)

1 taza de leche de coco enlatada con grasa completa

* En un tazón grande, mezcle el azúcar, el agave, la goma xanthan, el extracto de vainilla, el aceite de coco y la leche nondairy. Transfiéralo a una licuadora y procesa hasta que quede totalmente suave. Batir la 1 taza de leche de coco y procesar en una heladería de acuerdo con las instrucciones del fabricante o proceso de acuerdo con las instrucciones de este libro. Una vez mezclado, conservar en recipiente hermético y flexible y congelar al menos 6 horas antes de servir. Se mantiene hasta 3 meses congelado.

HELADO CHOCOLATE ESPRESSO

RENDIMIENTO: 1 CUARTO

Este postre distintivo es como una bebida indulgente en una cafetería, ¡tan oscuro y cremoso, que te hará pedir un doppio!

2/3 taza de crema agria no láctea o yogur natural

1 taza de azúcar de confiteros

1/2 taza de cacao en polvo

2 cucharaditas de espresso en polvo

1 (13.5 onzas) de leche de coco llena de grasa

1/4 cucharadita de sal

- En un tazón grande, bate todos los ingredientes hasta queden completamente suaves y absolutamente sin grumos. Procese en una heladería de acuerdo con las instrucciones del fabricante, o procese de acuerdo con las instrucciones de este libro. Transfiéralo a un recipiente hermético flexible y congele al menos 6 horas antes de servir. Se mantiene hasta 3 meses congelado.

HELADO DE PACANA DE MANTEQUILLA

RENDIMIENTO: 1 CUARTO

Cuando pienso en butter pecan ice cream, pienso en mi padre. No estoy seguro de si era su sabor favorito, pero siempre parecíamos tener un cartón de él en el congelador cuando estaba creciendo, lo que sin duda ayudó a que fuera uno de *mis* sabores favoritos de helado.

1 taza de pacanas

1 taza de azúcar morena

1 (13.5 onzas) de leche de coco llena de grasa

1 cucharada de margarina no láctea

1/4 cucharadita de goma xanthan

1/2 cucharadita de sal

1 cucharadita de extracto de vainilla

2 tazas de leche de almendras

1 cucharada de maicena

1 cucharada de agua

* Precaliente el horno a 400°F. Extienda las pacanas uniformemente sobre una bandeja para hornear de metal y brinde durante 7 minutos, o hasta

que estén fragantes. Deja enfriar, picar y dejar a un lado.

- En una cacerola de 2 cuartos, mezcle el azúcar morena, la leche de coco, la margarina, la goma xantana, la sal y el extracto de vainilla. Caliente la mezcla a fuego medio-alto hasta que el azúcar se disuelva y la margarina se derrita. Agregue la leche de almendras. En un bol pequeño, mezcle la maicena y el agua para mezclar bien. Revuelva la lona de maicena en la cacerola y continúe calentando a fuego medio. Revuelva constantemente hasta que la mezcla cubra la parte posterior de una cuchara. Retirar del fuego y transferir a un tazón de metal. Colóquelo en nevera y enfríe la mezcla hasta que esté fría.

- Procese en una heladería de acuerdo con las instrucciones del fabricante, o procese de acuerdo con las instrucciones de este libro. Una vez que el helado haya terminado de procesarse en la heladería, doble las pacanas tostadas. Transfiéralo a un recipiente hermético flexible y congele durante 6 horas. Conservar en el congelador durante un tiempo de hasta 2 meses.

HELADO DE AVELLANA DE CHOCOLATE

RENDIMIENTO: 1 PINT

Utilice mantequilla de avellana de chocolate comprada en la tienda o casera para esta receta.

1/2 taza de mantequilla de avellana de chocolate no láctea, como la marca de Justin

1 taza de leche no láctea

2 cucharadas de aceite de coco

1/2 cucharadita de goma xanthan

1/8 cucharadita de sal

1/2 taza de azúcar turbinado

1/2 taza de yogur sencillo sin lácteos

* Coloque todos los ingredientes en una licuadora y licúe hasta que estén suaves, raspando los lados de la licuadora según sea necesario. Procese en su heladería de acuerdo con las instrucciones del fabricante o siga las instrucciones de este libro. Transfiéralo a un recipiente flexible hermético y guárdelo durante al menos 6 horas. Se mantiene hasta 3 meses congelado.

HELADO DE AZÚCAR MORENA MANTECOSA

RENDIMIENTO: 1 CUARTO

Este helado demuestra que puedes tener toda la indulgencia de un sabor dulce mantecoso, sin ninguno de los lácteos.

1/4 de taza de margarina no láctea

1 taza de azúcar morena (claro u oscuro)

1/2 cucharadita de goma xanthan

13/4 tazas de leche de coco enlatada con grasa completa

1/2 cucharadita de extracto de vainilla

2/3 taza de leche no láctea

- Caliente la margarina, la azúcar morena, la goma xantana, la leche de coco y el extracto de vainilla justo hasta que el azúcar se disuelva y la margarina se derrita a fuego medio. Agregue la leche nondairy y mezcle en la licuadora. Enfríe durante unos 15 minutos y luego transfiérala a una heladería. Siguiendo las instrucciones del fabricante, procese el helado hasta que esté completamente congelado, o procese de acuerdo con las instrucciones de este libro. Transfiéralo a un recipiente hermético flexible y enfríe en congelador durante al menos 6 horas. Conservar en el congelador durante un tiempo de hasta 3 meses.

HELADO DE FRESA

RENDIMIENTO: 1 CUARTO

¡Olvídese de las cosas con sabor artificial, la única manera de ir con helado de fresa es con fresas reales! Esto es tan auténtico como se puede conseguir con la ayuda de tofu de seda y leche de coco para darle una cremosidad extra.

2 tazas de fresas enteras, tallos eliminados

1 bloque (12.3 onzas) de tofu de seda firme

1 (13.5 onzas) puede grasa completa leche de coco 1 cucharadita de extracto de vainilla

3/4 de taza de azúcar

1 cucharadita de aceite de coco

1 taza de fresas, picadas en trozos de 1/2 pulgada

* Coloca las 2 tazas de fresas en una licuadora junto con el tofu de seda, la leche de coco, el extracto de vainilla, el azúcar y el aceite de coco. Licúe hasta que quede suave y luego transfiéralo al tazón de una heladería y procese de acuerdo con las instrucciones del fabricante, o sigue el método de este libro. Una vez congelada la mezcla, machaque las 1 tazas de fresas restantes y mezcle en el helado. Continúe procesando hasta que esté congelado y luego transfiéralo a un recipiente flexible hermético.

Congele 6 horas antes de servir. Se mantiene hasta 3 meses congelado.

HELADO MATCHA CASHEW

RENDIMIENTO: 1 CUARTO

El anacardo mágico es el sustituto de la crema tradicional de látigo pesado en esta confitería cremosa. Matcha té en polvo verde añade un color y sabor distintivos, que coincide con la textura suave de este helado.

2 tazas de anacardos crudos

1/2 taza de agave

1/2 taza de leche no láctea

1/4 cucharadita de sal

11/2 cucharaditas de matcha en polvo

1 plátano pequeño maduro

* Coloque los anacardos en un tazón mediano y cubra con agua. Tapa con un plato para la cena y deje que los anacardos se empapen durante al menos 3 horas, preferiblemente 4.

*

* Escurrir los anacardos y transferir a un procesador de alimentos junto con los ingredientes restantes. Licúe hasta que quede muy suave, durante unos 8 minutos, raspando los lados a menudo. Usted puede hacer esto aún más cremoso mediante la transferencia en una licuadora y la mezcla

hasta que sea súper suave.

-

- Colóquelo en el tazón de una heladería y procese de acuerdo con las instrucciones del fabricante, o siga las instrucciones de este libro. Transfiéralo a un recipiente hermético flexible y congele 6 horas antes de servir. Se mantiene hasta 3 meses congelado.

HELADO DE CHOCOLATE CON MENTA

RENDIMIENTO: 1 CUARTO

El brillante color verde de este postre proviene de la adición de espinacas frescas, que juro por la vida de mi heladería que no probarás. Haz esto aún más saludable sumergiendo puntas de cacao en lugar de las mini papas fritas de chocolate.

2 tazas de espinacas frescas empacadas

2 latas (13.5 onzas) de leche de coco llena de grasa

1/2 taza de azúcar

1/2 taza de azúcar de palma de coco

1 cucharada de agave

2 cucharaditas de extracto de menta

1/2 taza de mini chips de chocolate no lácteos

Coloque todos los ingredientes hasta las virutas de chocolate en una licuadora de alta velocidad y licúe hasta que quede muy suave, raspando los lados según sea necesario. Vierta en el tazón de una heladería y procese de acuerdo con las instrucciones del fabricante, o siga las instrucciones de este libro. Una vez congelado, doble los chips de chocolate y congele durante al menos 6 horas. Conservar en un recipiente hermético flexible en el congelador durante un tiempo de hasta 3 meses.

HELADO DE FRIJOL NEGRO

RENDIMIENTO: 1 CUARTO

Los frijoles Adzuki también funcionan bien aquí, aunque pueden ser más difíciles de obtener.

11/2 tazas de frijoles negros cocidos, enjuagados

1 (13.5 onzas) de leche de coco llena de grasa

3/4 de taza de azúcar

1 cucharada de cacao en polvo

Pizca de sal

1/8 cucharadita de goma xanthan

- En una licuadora, puré todos los ingredientes hasta que estén muy suaves. Procese en su heladería de acuerdo con las instrucciones del fabricante, o siga las instrucciones de este libro. Conservar en un recipiente hermético flexible y congelar al menos 6 horas antes de servir. Se mantiene hasta 3 meses congelado.

CONVERSIONES MÉTRICAS

Las recetas de este libro no han sido probadas con mediciones métricas, por lo que podrían producirse algunas variaciones.

Recuerde que el peso de los ingredientes secos varía según el factor de volumen o densidad: 1 taza de harina pesa mucho menos de 1 taza de azúcar, y 1 cucharada no necesariamente tiene 3 cucharaditas.

Fórmula general para la conversión métrica

Onzas a gramos	multiplican onzas por 28.35
Gramos a onzas	multiplican onzas por 0.035
Libras a gramos	multiplican libras por 453.5
Libras a kilogramos	multiplican libras por 0.45
Copas a litros	multiplican tazas por 0.24
Fahrenheit a Celsius	restan 32 de Fahrenheit
	temperatura, multiplicarse por 5, dividir por 9
Celsius a Fahrenheit	multiplican la temperatura celsius por 9,
	dividir por 5, añadir 32

Mediciones de volumen (líquido)

1 cucharadita = 1/6 onza líquida = 5 mililitros

1 cucharada = 1/2 onza líquida = 15 mililitros 2 cucharadas = 1 onza fluida = 30 mililitros

1/4 de taza = 2 onzas fluidas = 60 mililitros

1/3 taza = 2onzas líquidas2/3 = 79 mililitros

1/2 taza = 4 onzas fluidas = 118 mililitros

1 taza o 1/2 pinta = 8 onzas fluidas = 250 mililitros

2 tazas o 1 pinta = 16 onzas fluidas = 500 mililitros

4 tazas o 1 cuarto = 32 onzas fluidas = 1.000 mililitros

1 galón = 4 litros

Equivalentes de temperatura del horno, Fahrenheit (F) y Celsius (C)

100 grados Fahrenheit - 38 grados Fahrenheit

200 grados Fahrenheit - 95 grados Fahrenheit

250 grados Fahrenheit - 120 grados Fahrenheit

300 grados Fahrenheit - 150 grados Fahrenheit

350 grados Fahrenheit - 180 grados Fahrenheit

400 grados Fahrenheit a 205 grados Fahrenheit

450 grados Fahrenheit - 230 grados Fahrenheit

Mediciones de volumen (seco)

1/4 cucharadita = 1 mililitro

1/2 cucharadita = 2 mililitros

3/4 cucharadita = 4 mililitros 1 cucharadita = 5 mililitros

1 cucharada = 15 mililitros

1/4 de taza = 59 mililitros

1/3 taza = 79 mililitros

1/2 taza = 118 mililitros

2/3 taza = 158 mililitros

3/4 de taza = 177 mililitros 1 taza = 225 mililitros

4 tazas o 1 cuarto = 1 litro

1/2 galón = 2 litros 1 galón = 4 litros

Mediciones lineales

1/2 in = 11x2 cm

1 pulgada = 21/2 cm

6 pulgadas = 15 cm

8 pulgadas = 20 cm

10 pulgadas = 25 cm

12 pulgadas = 30 cm

20 pulgadas = 50 cm

CPSIA information can be obtained
at www.ICGtesting.com
Printed in the USA
BVHW040043140521
607048BV00012B/2766

9 781802 680829